AF338689

DESCRIPTION ET HISTOIRE

DE

L'ÉGLISE S.-VINCENT-DE-PAUL

A PARIS

PAR UN PAROISSIEN

SE VEND

AU PROFIT DES OEUVRES DE LA PAROISSE

Prix : 1 franc

L'ÉGLISE SAINT-VINCENT-DE-PAUL

A PARIS

PARIS

IMPRIMERIE D. DUMOULIN ET Cie,

5, rue des Grands-Augustins, 5

DESCRIPTION ET HISTOIRE

DE

L'ÉGLISE S.-VINCENT-DE-PAUL

A PARIS

PAR UN PAROISSIEN

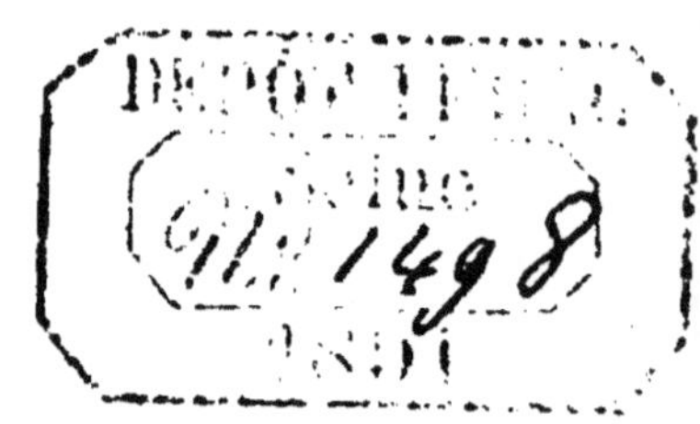

SE VEND

AU PROFIT DES ŒUVRES DE LA PAROISSE

Prix : 1 franc

L'ÉGLISE SAINT-VINCENT-DE-PAUL

A PARIS

I

ORIGINES DE LA PAROISSE

Quand on revient d'admirer les célèbres basiliques romaines de Saint-Paul hors les Murs et Sainte-Marie-Majeure, dont s'est inspiré l'architecte de notre paroisse Saint-Vincent-de-Paul, on ne peut s'empêcher de dire de celle-ci : Voilà vraiment une belle église! C'est moins grand que les édifices d'Italie; là où ses artistes ont accumulé, avec le temps, l'or et l'argent massifs, l'onyx et les pierres précieuses, nous n'avons encore que le stuc et le bois doré; mais les étrangers qui visitent Paris, leur *Guide Bedeker* à la main, n'hésitent pas à considérer Saint-Vincent-de-Paul comme un des plus beaux monuments religieux.

Par son origine modeste elle est bien digne de son patron primitivement si pauvre. La paroisse fut une des douze que créa le décret de messidor an XII, au rétablissement du culte catholique. Quand sa circonscription fut déterminée, on s'écria que c'était une pieuse folie. Qu'était en effet le quartier?

Il fut autrefois sanctifié par la prière et le travail : M. l'abbé Caron, dans son discours d'installation de notre cher curé actuel, l'abbé Hutellier, nous a appris qu'au sixième siècle c'était une contrée couverte de forêts et de marais que vinrent défricher des moines conduits par saint Domnole, plus tard évêque du Mans et l'une des gloires de l'ancienne France, au témoignage de Grégoire de Tours.

Pendant que s'élevait, plus près de la Seine, la célèbre abbaye de Saint-Martin des Champs, Domnole fondait sur le futur territoire de la paroisse de Saint-Vincent-de-Paul, le monastère et la *basilique* de Saint-Laurent, qu'on appela depuis Saint-Laurent hors les Murs.

Au neuvième siècle tout fut ravagé par les Normands, et pendant deux cents ans le désert se refit. Puis on vit se créer la léproserie et le prieuré de Saint-Lazare, entourés de parcs, vergers et labourages qui allaient de Montmartre à Ménilmontant, où l'abbé avait sa villa de campagne, sa *villetta*, d'où est venu au quartier le nom de la Villette.

Vers le commencement du dix-septième siècle, *Monsieur* Vincent de Paul, déjà en réputation par sa charité et ses fondations, vint installer ses prêtres au prieuré de Saint-Lazare, d'où leur est venue l'appellation de Lazaristes. Les bâtiments existent encore avec une destination bien différente. Des biographies disent que le saint y est mort le 27 septembre 1660.

Nous n'avons pas à rappeler les exploits des laïcisateurs de 1793 à Saint-Lazare, déjà pillé une première fois le 13 juillet 1789. On en a fait de nos jours la prison qu'on connait.

Quand, en 1801 les Lazaristes furent rétablis non en leur première maison, mais rue de Sèvres, à l'hôtel de Lorges, on donna à celle des douze paroisses créées qui devait occuper notre circonscription actuelle, le nom de paroisse Saint-Lazare. On l'appela ensuite paroisse de Saint-Vincent-de-Paul. On ne prévoyait guère alors la splendeur que nous voyons.

Il y avait en ce temps, aux extrémités du Paris de la rive droite, deux territoires légendaires comme le sont aujourd'hui les *Carrières d'Amérique* : la *Petite-Pologne*, où s'élève maintenant la riche église de la Trinité, et le *Clos Saint-Lazare*, ancien verger du couvent devenu une vaste étendue de fondrières avec broussailles et murs en ruine, entourées de sombres usines ; en bas les fonderies de Calla, dont la paroisse conserve la mémoire comme étant celle d'un de ses créateurs et fondateurs ; à droite, au nord, les vastes ateliers du *Père Cavé*, comme on appelait l'illustre créateur de la grande industrie qui nous donna nos premières locomotives et nos premiers bateaux à vapeur ; enfin, à gauche, l'établissement du gaz de la Compagnie parisienne, le plus grand du temps, avec ses cheminées flamboyantes et ses deux imposantes tours enfermant les gazomètres.

Deux de ses directeurs, MM. Pauwels et Dubochet, avaient à côté leurs villas qui existent encore, l'une en partie au numéro 173 du faubourg Poissonnière, l'autre à peu près comme en son temps et occupée aujourd'hui par la pension Chateau.

Le triste clos Saint-Lazare formait une grande partie de la circonscription de la nouvelle paroisse. Là grouillait une population de gens sans aveu, logés dans des cabanes en débris de démolition, et des bohémiens dans leurs maisons roulantes, qui disparurent comme par enchantement une nuit précédant une descente de police.

Là furent livrées, en 1814 et à toutes les émeutes, de terribles batailles : celles de 1848 rappellent cependant un touchant souvenir : les ouvriers du père Cavé et de Calla, attachés à leur maison et à leur patron, comme on s'attachait encore en ce temps-là, formèrent un corps de défense et de protection.

Le reste de la circonscription de la paroisse ne valait pas beaucoup mieux que le clos Saint-Lazare. A part les deux villas de Pauwels et de Dubochet et quelques hôtels dans le bas du faubourg Poissonnière, qu'on ne rattacha que plus tard à la paroisse, pour les lui enlever ensuite, très peu de maisons méritaient le nom de maison bourgeoise. La rue Hauteville et ses aboutissants n'avaient pas encore leurs magasins de cristaux et de porcelaines qui composent aujourd'hui un merveilleux musée céramique. C'était un quartier de juifs et de protestants ardents contre les catholiques, comme on l'était en ces temps-là, où, pendant l'incendie qui manqua de brûler entièrement l'église de Saint-Eustache, l'un des bijoux de Paris, des forcenés dansaient de joie en voyant disparaître un monument religieux.

II

L'ÉGLISE PROVISOIRE

D'après la description qu'on vient de faire du quartier, on juge ce que devait être la primitive chapelle que remplacera en 1844 la belle église actuelle. Créée par le décret de messidor an XII, elle ne vint qu'après deux déménagements successifs au numéro 4 de la rue Montholon, d'où la paroisse a eu longtemps son nom de paroisse Saint-Vincent-de-Paul-Montholon.

Elle était bien misérable : bâtie en bois et plâtre par le propriétaire, qui la louait pas cher, sur un terrain en contre-bas de talus ; humide, moisie, affaissée et relevée plusieurs fois, son plafond menaçait de coiffer l'assistance. Des chandeliers en bois et un tabernacle payé 25 francs garnissaient le maître-autel. Dans la nef étaient cent soixante chaises à 100 livres le cent, qu'on paya lentement par mois, sur la perception de la chaisière.

La paroisse avait sa cloche, du poids de trente-sept kilogrammes, probablement la sonnette que nous avons encore dans une des tours de l'église actuelle.

On fit une chasuble avec une robe donnée par une dame. Le curé Mayroud, fondateur de la paroisse, et deux vicaires, émargeant 26 livres par mois, composaient le clergé. Le suisse, payé 6 francs par mois, demeurait rue Bergère, au numéro 1007, suivant le numérotage du temps ; un chantre à 15 francs, et un serpent à 12 francs domicilié à la place Maubert, et quatre pauvres enfants de chœur composaient la chapelle du chant, qui a aujourd'hui des artistes du Conservatoire.

Des créanciers allaient faire une saisie à la sacristie, quand, par un coup de la Providence, la pauvre paroisse eut une part de 4 100 francs dans la répartition du don que fit l'empereur Napoléon aux églises, en mémoire de la victoire d'Iéna. Aussi quelle belle lettre de remerciement écrivit la fabrique !

Enfin, pour que rien ne manquât aux épreuves, même après l'évacuation pour occuper l'église définitive, ce qui avait été la chapelle provisoire abritant les souvenirs de saint Vincent de Paul fut loué par le propriétaire à des gens qui en firent la première brasserie allemande qu'il y ait eu, paraît-il, à Paris.

Ne parlons cependant de la chapelle Saint-Vincent-de-Paul-Montholon qu'avec respect : d'abord à cause de son illustre patron tout Parisien. Elle fut bénie avec une pompe extraordinaire par le cardinal du Belloy, devant un grand concours du haut clergé et des autorités.

Elle fut plus tard enrichie, relativement, de quelques dépouilles du *ci-devant* couvent de Saint-Lazare, savoir : des boiseries du chœur qu'il fallut vendre pour payer des dettes, un pupitre d'autel en marqueterie et une garniture de six chandeliers avec leur croix en argent ciselé, que la paroisse actuelle a possédés et qui venaient, a-t-on dit, de l'autel où officiait saint Vincent de Paul ; enfin la niche d'exposition du

Saint Sacrement, en bois doré et en forme de palmier, que nous voyons au temps de l'adoration perpétuelle.

Le culte avait pris un certain éclat sous les successeurs de l'abbé Mayroud. On venait beaucoup au mois de Marie où chantaient les demoiselles du Conservatoire, qui était alors sur la circonscription de la paroisse, et le gouvernement fit don de deux tableaux qu'on avait remarqués au Salon de peinture.

Le 25 avril 1830, trois mois avant la révolution qui renversa le gouvernement de la Restauration, une splendide cérémonie publique avait glorifié la mémoire de saint Vincent de Paul, attiré l'attention sur la paroisse mise à son vocable, et fait décider que la nouvelle église serait construite avec splendeur.

Nous voulons parler de la translation de ses reliques dans leur châsse d'argent, où repose le corps entier, et qui fut portée à Saint-Lazare de la rue de Sèvres, par une de ces incomparables processions publiques qu'on n'a plus connues depuis à Paris. En ce temps de missions et de prédications dans les rues, comme il s'en fait encore en Angleterre, ces cérémonies religieuses étaient fréquentes en dehors des églises, avec une pompe merveilleuse, au milieu de foules recueillies que les libres penseurs du temps troublaient quelquefois sans beaucoup d'écho. Mais jamais peut-être il ne fut déployé plus d'éclat qu'à cette translation des reliques de saint Vincent de Paul, dont le souvenir a été conservé par la fête célébrée tous les ans, le deuxième dimanche après Pâques.

III

L'ÉGLISE DÉFINITIVE

Dès les premiers temps de la Restauration, on s'occupa de remplacer par un monument définitif la chapelle de la rue Montholon; comme toujours, on employa des années à discuter l'emplacement et à dresser des projets.

On choisit enfin cette extrémité sud du sinistre clos Saint-Lazare, que bordait ce commencement de voie publique qui fut depuis la rue Lafayette, et qui unissait alors deux places très peu dévotement fréquentées : le champ de la célèbre *foire Saint-Laurent* et le quartier à guinguettes, non moins légendaire, des *Porcherons*, dont la place Cadet actuelle était le centre.

Les premiers projets de l'église et le début des travaux furent confiés à M. l'architecte Lepère, qui s'associa depuis son gendre Hittorff.

Les crédits alloués et les goûts de l'époque ne promettaient guère, à l'origine, qu'une de ces églises en *style de la Restauration*, dont les exemplaires n'ont pas une bien belle place dans l'histoire de l'art : quelque chose dans le genre de Notre-Dame de Bonne-Nouvelle ou Saint-Denis du Saint-Sacrement, au Marais.

Le 15 août 1824, jour de l'Assomption, le curé de la paroisse, dans une cérémonie tout intime avec les paroissiens, posa la première pierre sur un commencement de fondation.

Puis les travaux furent interrompus, et on les

reprit seulement en 1831 sous la conduite et les nouveaux plans d'Hittorff. Cette date est étrange : c'était la douloureuse époque des émeutes continues, du saccage de Saint-Germain l'Auxerrois et de l'archevêché, de la profanation de Notre-Dame et de Saint-Germain des Prés, du renversement des croix, des motions furieuses contre la religion et de l'attente du choléra, qui répandit tant de terreur. Heureusement le patron de notre église est, comme Fénelon, un saint populaire, même chez les révolutionnaires, et on se souvenait de la triomphale translation de ses reliques encore si récente. L'œuvre de construction se poursuivit sans réclamations.

Le 21 octobre 1844, par une belle et chaude matinée, eut lieu avec la plus grande pompe, non une simple bénédiction, mais la dédicace proprement dite, par Mgr Affre, archevêque de Paris. Parmi ses assistants d'office était le jeune Cabrillié, enfant du quartier, alors au séminaire de Saint-Sulpice, plus tard vicaire et enfin curé de Saint-Vincent-de-Paul.

Un cardinal avait béni l'humble chapelle de la rue Montholon, un archevêque, qui par sa mort héroïque devait être une des gloires du diocèse, consacra l'église définitive.

La cérémonie se fit selon toutes les règles du rituel, y compris le jeûne de vigile recommandé aux paroissiens. Elle commença dès le matin. D'abord le clergé seul entra dans l'église, une grande multitude occupant au dehors le terrain veuf de toutes constructions et pas même nivelé. Puis Monseigneur sortit pour bénir les murailles extérieures. A onze heures le public entra, et les exclamations commencèrent sur la beauté de l'église, sur ses colonnades d'un si grand effet, et sur le maître-autel, qu'on garnit de ses riches chandeliers, hauts de près de deux mètres.

Cependant, il faut bien le dire, le monument ne plut pas à tous, ce qui arriva également pour la Madeleine et Notre-Dame de Lorette, inaugurées à peu près à la même époque.

Les puritains du temps n'aimaient pas ces églises resplendissantes de dorures, de peintures, de lampadaires, et pourvues de calorifères, qu'ils disaient ressembler à des salles de concert. Ils trouvaient *bien plus religieux*, non seulement Notre-Dame, Saint-Gervais, Saint-Séverin, mais Saint-Sulpice et Saint-Roch, n'ayant encore presque rien de leur richesse actuelle, où l'on venait en hiver avec son manteau et sa chaufferette ; aux offices du soir avec sa lanterne ou sa bougie ; car les églises n'étaient éclairées, bien juste pour la sécurité publique, que par des réverbères à l'huile, suspendus à des cordes à poulie, comme dans les rues d'alors.

Le célèbre abbé Ollivier, plus tard évêque d'Evreux, venait de révolutionner le culte en donnant à sa paroisse de Saint-Roch l'exemple des cérémonies aussi pompeuses qu'à Saint-Pierre de Rome ; mais il fallut du courage au clergé de Saint-Vincent-de-Paul pour suivre la même voie en entrant à la nouvelle église, car les susdits puritains ne pardonnaient pas plus ces splendeurs du culte que les sublimes prédications de Lacordaire; et ils levaient les épaules avec pitié quand le curé de Saint-Roch leur disait que ces pompes du culte et de la parole sacrée, attirant à l'église une foule peut-être plus curieuse que dévote, étaient *les malices du bon Dieu pour amener les âmes à lui.*

A part ces puritains, la nouvelle église fut très admirée, et de l'avis général Paris compta un bel édifice de plus.

La paroisse ne tarda pas à être bien classée parmi celles de richesse moyenne : elle occupe environ soixante personnes de clergé et employés du service ou du chant. Elle encaisse d'une main et dépense de l'autre, à peu près par an la somme de 90 000 francs; y compris l'entretien de l'édifice et du mobilier, et l'ornementation qui complétera peu à peu la magnificence de l'édifice.

Sous l'Empire, la paroisse n'avait qu'à pourvoir aux menues réparations d'entretien; aujourd'hui les grosses réparations, même de l'extérieur, sont à sa charge, sous le contrôle du service municipal.

La paroisse a une population de plus de 35 000 âmes. Sa circonscription plusieurs fois modifiée est actuellement limitée par les boulevards de Rochechouart et la Chapelle, le faubourg Saint-Denis, les rues de Paradis, la rue Bleue et la rue de Rochechouart. Le sauvage clos Saint-Lazare est devenu un quartier d'artistes, d'ingénieurs et de grands industriels. Il renferme l'hôtel de la Compagnie du gaz, bel édifice du style Louis XII; la caserne de la Nouvelle-France, l'hospice de Lariboisière, où les vicaires font office d'aumônier, les bureaux du chemin de fer du Nord et sa monumentale gare, œuvre d'Hittorff, l'architecte de Saint-Vincent-de-Paul; enfin des fabriques de premier ordre et ces incomparables magasins de porcelaines ou cristaux de Saint-Louis, Baccarat, Choisy, Sarreguemines, etc.

IV

LE GROS ŒUVRE DE L'ÉGLISE

L'église de Saint-Vincent-de-Paul couvre 3 185 mètres carrés; la nef a 27 mètres de haut, l'édifice a 37 mètres de large et 80 mètres de long; c'est à peu près la moitié de Sainte-Marie-Majeure ou de Saint-Paul de Rome, dont l'architecte s'est inspiré. Inspiré, oui, mais ce n'est nullement une copie : à Sainte-Marie-Majeure Hittorff a pris à peu près le système de la colonnade; à une église de Sicile il a emprunté l'idée des galeries supérieures: Saint-Paul de Rome a fourni celles de l'hémicycle du fond, des frises peintes et du plafond angulaire découvrant la charpente [1].

1. Ainsi du moins était Saint-Paul avant l'incendie de 1823. Aujourd'hui il existe un riche plafond plat et à caissons, comme à Notre-Dame de Lorette, celle de nos églises de Paris qui, aux proportions près, rappelle le mieux Saint-Paul de Rome.

C'est à Saint-Pierre de Montrouge qu'il faut aller voir la plus exacte imitation de l'ancienne charpente de Saint-Paul hors les Murs de Rome.

Notre église de Saint-Vincent-de-Paul n'est pas plus achevée à l'extérieur qu'à l'intérieur, en sa décoration. Quand Hittorff reprit les travaux, le monde artistique était sous l'impression de ses belles études sur la peinture polychrome des anciens; avec cet entraînement de *renouveau* qui, selon l'expression d'Alfred de Musset, signala cette époque, on voulut avoir à Paris des monuments décorés de peintures, non seulement à l'intérieur comme à la Madeleine, mais aussi sur les murailles extérieures. Il ne fallait pas songer à la peinture à l'huile, qui n'a pas duré même sous le porche couvert de Saint-Germain l'Auxerrois. Les poteries du genre Della Robia et les peintures sur lave cuite fournissaient déjà de très beaux spécimens, mais d'un prix inabordable, le projet décoratif de Saint-Vincent-de-Paul, à l'extérieur, dut être abandonné jusqu'à nouvel ordre.

Ces vastes surfaces plates, ces frises et panneaux nus qui entourent l'église, devaient disparaître sous des peintures inaltérables, qui relevées par les nervures et encadrements finement sculptés entourant les portes et les fenêtres, devaient offrir un magnifique ensemble[1].

Le porche de la façade a seul reçu les peintures sur lave de Jollivet. Elles déplurent, bien qu'elles ne soient pas sans mérite. Adam et Ève scandalisèrent par leur

1. La jolie maison de la rue Fénelon, n° 9, tout près du porche de l'église, donne une idée de ce que devait être la décoration extérieure de Saint-Vincent-de-Paul.

nudité. Et puis les innovations en architecture religieuse ont toujours peine à s'acclimater : on ne voudrait encore aujourd'hui, en certain monde, que le gothique et le roman classiques, qui impatientaient Bossuet et que ses contemporains ont tant mutilés.

Saint-Vincent-de-Paul avait bien assez, disaient quelques-uns, de son style gréco-italien, sans y ajouter le *bariolage*. Les laves peintes de Jollivet furent enlevées et tristement emmagasinées au presbytère. Un de MM. les vicaires, artiste et homme de goût, a entrepris une croisade pour faire reconnaître qu'elles ont leur valeur. M. le curé Gayrard, avait projeté d'en décorer quatre des grands panneaux de l'intérieur dont la nudité jure. On voit au baptistère l'esquisse noire d'un système d'encadrement essayé.

Les goûts s'étant un peu modifiés on se propose de rétablir les peintures de Jollivet sous le porche ou à la base des tours, en faisant les modifications nécessaires ; à l'intérieur de l'église on mettrait, suivant un projet de M. l'architecte Leclere des mosaïques, dont le prix est aujourd'hui abordable.

Quoi qu'il en soit, la façade de l'église de Saint-Vincent-de-Paul est certainement, en l'état actuel, d'un bel et imposant effet, avec son portique à douze colonnes ioniques, son fronton sculpté par Nanteuil, ses six statues de Foyatier et autres maîtres, enfin par ses rampes d'accès, en double fer à cheval, et son perron de soixante marches. Cet ensemble, très remarqué des étrangers, n'est plus exactement en son état primitif. La rue Lafayette a été abaissée, les rampes ont été remaniées et on a fait les deux petits jardins en plein midi, pour les enfants du quartier; mais il a fallu les fermer à cause des dévastations idiotes dont sont encore aujourd'hui affligées les balustrades et les grilles.

L'intérieur de l'église, avec son vestibule, l'hémicycle du chœur, ses quarante-quatre colonnes formant nef et doubles collatéraux, ses galeries supérieures, ses peintures, dorures, grilles, lampadaires, et son bel autel à baldaquin, provoque à leur entrée les exclamations des visiteurs étrangers. Ce n'est pas seulement au bas de l'église, près de la porte, qu'il faut se placer. En entrant par les portes du haut, l'effet est peut-être encore plus saisissant; mais c'est surtout au luminaire complet des soirs de fête qu'il faut voir l'église avec ses peintures et ses ors.

Les colonnes et les parties de muraille non couvertes de tableaux figurent le marbre de Sienne. Ce n'est pas un stucage proprement dit, et l'histoire en est assez singulière.

Un édifice, aujourd'hui, reçoit par des transports faciles, même de loin, les marbres, porphyres et tous matériaux les mieux choisis pour un effet voulu. Au temps où fut bâtie l'église de Saint-Vincent-de-Paul il fallait se servir des matériaux locaux, de leurs formes et couleurs inégalement appareillées, et ce fut déjà un grand art du savant architecte d'avoir su les choisir de qualités durables qui ont aujourd'hui subi leurs épreuves. Ces matériaux de l'église, presque tous pris dans le bassin parisien, appartenaient souvent à l'espèce dite calcaire coquillier, laissant des cavités à la surface. On les a bouchées avec un ciment qui a noirci; par le ponçage et une sorte de vernissage on a produit cet effet de siennite auquel se méprennent les visiteurs.

Les galeries supérieures, qu'on n'a pas encore utilisées, sont fort belles avec des stucages qu'on prendrait aussi pour de vrais marbres.

L'église n'avait pas primitivement la chapelle de la Sainte-Vierge qui occupe le chevet, non plus que la crypte au-dessous servant de chapelle des catéchismes. C'est une création de M. le curé Gayrard, tant à ses frais personnels, augmentés des offrandes recueillies par lui, qu'aux frais de la fabrique. La construction a été faite sur les études de détail et la surveillance des travaux de M. Henry d'Orbigny, sous la direction de M. Vilain, architecte de la ville, et avec la coopération de M. Simon-Girard. La décoration a été faite plus tard par Lameyre; une partie n'est encore que provisoire. Suivant un projet de l'architecte Albert Leclerc, des mosaïques remplaceront dans le sanctuaire les panneaux et leur cadre, qui ne sont encore que peints ou stuqués.

Les dégagements et accessoires de l'église ont été étudiés avec soin. Les sacristies, qui ont de belles verrières, se prêtent au défilé, presque partout si pénible, des cérémonies de mariage. Les sous-sols, dont la plus grande partie est sans emploi, ont pu assez facilement recevoir les calorifères qu'on ne prévoyait pas à l'origine. Ce qu'il faut louer surtout, car c'est rare dans nos monuments publics, c'est l'écoulement sans danger des foules, par de larges portes, en haut comme en bas de l'église. On frémit quand on pense à l'écrasement inévitable qui aura lieu, un jour de panique, en certains édifices.

L'église possède encore une belle chapelle bien ignorée aujourd'hui et abandonnée. C'est l'ancienne chapelle des catéchismes, située en haut, derrière la demi-coupole du chœur. On y monte par deux longs escaliers. On y voit trois verrières de Gsel et sur l'autel une bonne statue du sculpteur Durel. La décoration générale est harmonieuse, en ce style dit *Pompéien* dont l'architecte Alfred Normand, de l'Institut, a donné un si joli spécimen à l'hôtel bien connu de l'avenue Montaigne.

V

LES PEINTURES, LES VITRAUX ET LES PARQUETS

La merveille de Saint-Vincent-de-Paul est l'ensemble de ses peintures réunissant plus de quatre cents personnages : d'abord, dans la nef, la frise d'Hipolyte Flandrin, un chef-d'œuvre notoire. Deux processions, l'une de saints, l'autre de saintes, s'avancent vers l'autel, ayant en tête chacune deux beaux anges ailés qui leur montrent la palme triomphale. Les saints, du côté droit, forment six groupes : les apôtres, les martyrs, les docteurs, les confesseurs, les fondateurs. Les saintes, à gauche, forment pareillement six groupes : les martyres, les vierges, les saintes femmes, les pénitentes, les saints ménages.

On rapporte que lorsque Ingres vint les voir avant leur inauguration, il les regarda longtemps en silence, avec son visage sévère qui n'était pas sans inquiéter Flandrin, puis il se jeta dans ses bras, fondant en larmes : « Vous avez donc été les voir au ciel ! » lui dit-il.

On remarquera particulièrement le groupe des évêques et celui des fondateurs; du côté des femmes, la troupe des saints ménages, et plus en avant, le ravissant groupe de sainte Félicité avec ses enfants.

Au-dessous de l'orgue, saint Pierre et saint Paul prêchant aux gentils de toutes nations, depuis le Romain avec ses aigles, jusqu'au Gaulois et au Barbare. Cette vaste page est comparée par les artistes aux célèbres tableaux du chœur de Saint-Germain des Prés, du même auteur.

Tout en haut de la nef, près du plafond, une autre frise peinte et décorée contient, comme à Saint-Paul de Rome, quarante-deux médaillons de papes et d'évêques intéressant particulièrement le diocèse de Paris. Ils alternent avec des têtes d'anges. Ces peintures sont de Gleyre, Quantin, Perlet et autres. Leur élévation les rend peu visibles; il y a parmi elles de très bons ouvrages qui auraient besoin d'être restaurés comme l'a été la frise de Flandrin.

L'hémicycle du chœur est l'œuvre de Picot. La grande page de la coupole représente saint Vincent de Paul, ses religieux et ses protégés au bas du trône d'un Seigneur Jésus colossal, à la façon de Giotto. Des deux côtés du trône divin sont des anges et les prophètes de l'Ancien Testament, tous moins grands que le Dieu du trône, mais plus grands que les hommes en adoration devant lui. Beaucoup de ces figures sont estimées fort belles, même dans le voisinage des peintures de Flandrin.

La frise du chœur qui continue celles-ci, au-dessous de la coupole, est également l'œuvre de Picot. Les sept groupes dont elle se compose symbolisent les sept sacrements avec beaucoup de vie et de mouvement.

L'église s'est récemment enrichie des huit tableaux de Bouguereau, à la chapelle de la Sainte-Vierge : le Mariage de Joseph et Marie, l'Annonciation par l'Ange, la Visitation de Marie à Élisabeth, la Naissance de Jésus à l'étable de Bethléem, l'Adoration des Mages, la Fuite en Égypte, la Montée de Jésus au Calvaire et le Crucifiement.

L'encadrement n'est que provisoire, en attendant celui qui fera ressortir dans toute leur valeur ces belles pages pour lesquelles on étudie aussi un jour meilleur. Les peintures de Bouguereau, comme celles de Flandrin, sont de ces œuvres qui restent au-dessus des louanges. Pour achever d'en étudier la beauté, il faut voir au presbytère les photographies qui en ont été tirées. Les deux tableaux de la Naissance de Jésus et de l'Adoration des Mages ont été à l'Exposition de 1887, et sont ceux à l'occasion desquels la *médaille d'honneur* a été attribuée au grand et sympathique artiste. L'Annonciation et le Jésus montant au Calvaire étaient à l'Exposition universelle en 1889. On a beaucoup admiré, au milieu de tant de chefs-d'œuvre, la tête de Jésus, une des plus belles têtes de Christ que les arts aient produites, disait-on. Le Christ en croix, du tableau voisin, est certainement une des œuvres les plus vigoureuses du maître.

Les peintures de M. Bouguereau, faites à son atelier, sur toile, ont ensuite été appliquées sur la muraille préparée, par le procédé du marouflage. Celles de Flandrin et Picot ont été faites à fresque sur place même, après une minutieuse préparation des murs fort intéressante, fort savante même, mais dont la description serait trop longue.

Les vitraux de Saint-Vincent-de-Paul ont été en leur temps un événement artistique. Cette merveilleuse industrie du moyen âge avait à peu près disparu, et l'on ne pouvait guère citer que quelques vitraux exécutés à Sèvres, d'un prix fou. MM. Maréchal à Metz, Lobin à Tours, Gsel et Lusson, à Paris, produisirent tout à coup, dans différents genres, des œuvres ne ressemblant pas aux anciennes, mais fort belles et d'un grand caractère. Maréchal, de Metz, se fit connaître pour la première fois à Paris, par ses verrières de Saint-Vincent-de-Paul, où furent admirés ses rouges et ses bleus veloutés. Une particularité à signaler est que les figures sont celles de personnes distinguées de la ville de Metz. Ces verrières ne sont plus telles qu'elles furent à l'origine; à la place de l'entourage en grisaille qu'on voit aujourd'hui autour du personnage, était primitivement un cadre dans les mêmes tons, représentant des sujets avec beaucoup de délicatesse; mais ces sombres vitraux rendaient l'église très obscure.

Deux camps existaient alors dans le monde du clergé, des fidèles et des artistes : pour les uns, une Église ne saurait trop avoir cet aspect sombre qui est, disent-ils, éminemment religieux. Encore aujourd'hui, pour eux le type de l'église est celle d'Ainay, à Lyon, où l'on ne peut pas lire aux jours du plus beau soleil. L'autre camp prend pour types Saint-Sulpice et la chapelle royale de Versailles, où l'on voit clair comme dans la rue.

Les fondateurs et artistes de Saint-Vincent-de-Paul appartenaient, Maréchal surtout, au camp des églises qui ne sauraient avoir trop de religieuse obscurité. Mais il y eut tant de réclamations de la part de personnes peut-être moins artistes que pratiques, qu'il fallut bien éclairer l'église de Saint-Vincent-de-Paul. On modifia les vitraux : on laissa le saint, mais on remplaça l'entourage par la grisaille actuelle.

Plus tard, on a fait la porte vitrée du bas de la nef.

On demanda même de vitrer une partie de la toiture
et de percer des barbacanes dans les côtés, au-dessus
des confessionnaux, ce qui fit justement pousser les
hauts cris. Il est évident qu'on compromettrait tout
l'effet de l'édifice. Le moyen le plus pratique, et qui
a incontestablement bien réussi, a été l'éclairage
par lampes allumées même de jour, quand il est né-
cessaire. Aux lampes à huile primitives, on a substi-
tué, en attendant l'électricité, quatre-vingts becs à gaz,
non compris les lustres et torchères du chœur aux
jours de fête; et quand tout est allumé, l'église res-
plendit avec une vraie magnificence.

Les parquets de Saint-Vincent-de-Paul, aujourd'hui
si peu remarqués, ont fait en leur temps sensation
parmi les artistes. A cette époque, où l'on se passion-
nait pour les mosaïques antiques, on ne prévoyait pas
celles qui se font couramment aussi belles aujour-
d'hui; on admira beaucoup les parquets-mosaïques
que M. Hittorff fit faire sous sa direction, en bois de diverses couleurs, surtout ceux du chœur, qu'on continue
à entretenir avec soin. Les parquets des chapelles la-
térales sont moins riches et se sont aussi très bien
conservés, grâce à leur solidité de matière et de pose.
Celui de la nef ne se distingue plus, et les anciens paroissiens eux-mêmes l'ont oublié. L'architecte n'a
guère voulu qu'éviter le dallage recouvert des pail-
lassons vulgaires, qui devenait en usage pour préser-
ver du froid.

VI

LES SCULPTURES

La plupart des sculptures de Saint-Vincent-de-Paul sont des œuvres de maîtres. Au dehors on remarque tout d'abord le fronton du portail, par Nanteuil : Glorification de saint Vincent de Paul; grand bas-relief de quinze personnages, représentant le saint entre deux anges et ayant de part et d'autre, autour de lui, ses religieux et religieuses et les malheureux sujets de son apostolat, depuis les captifs délivrés et infidèles évangélisés, jusqu'aux pauvres et enfants qu'il recueillait.

Tous ces personnages en saillie laissent entre eux des cavités où nichent un grand nombre de ces pigeons qui, de temps à autre, pullulent autour de Saint-Vincent-de-Paul et de la gare du Nord, un peu comme à Venise. On fait de rudes chasses à ces jolis oiseaux si familiers, car ils salissent fâcheusement. Les affamés du siège, en 1870, les poursuivaient sans pitié; il n'en resta plus : ce qui a fait dire à l'un de MM. les vicaires, que le bon saint Vincent de Paul nourrissait de gibier ses paroissiens pendant la famine du siège.

On doit remarquer encore sur la façade de l'église, les quatre Évangélistes de la galerie supérieure, œuvres de Foyatier, Barre, Brian et Valois. Enfin les statues de saint Pierre et saint Paul dans les niches du socle des tours, l'une et l'autre œuvres de Ramey.

La porte principale, dont il sera parlé plus loin au point de vue de sa matière, est richement sculptée d'ornements et de figures, dont les principaux personnages sont les douze apôtres, œuvre de Farochon.

A l'intérieur de l'église, les sculptures principales de la décoration sont :

1° Le devant du maître-autel, par Bosio, beau bas-relief en bois doré représentant la Cène avec Jésus et les douze apôtres;

2° Le calvaire au-dessus du maître-autel, magistrale œuvre de Rude; groupe en bronze noir qu'on devait primitivement dorer et rendre plus visible. Le Christ est en croix; à gauche se tient la sainte Vierge, drapée, voilée, les bras tombants, la tête inclinée dans l'attitude noble de la douleur; à droite, saint Jean, son manteau rejeté sur l'épaule, les mains jointes, les yeux fixés sur le crucifix;

3° Le tabernacle du maître-autel, en bois doré richement sculpté : auteur inconnu ;

4° La chaire à prêcher : cinq panneaux de Duseigneur, en bois sculpté sur fond doré : la Foi, l'Espérance, la Charité et la Prédication de saint Jean-Baptiste ;

5° Au banc-d'œuvre, un beau Christ en bois peint, auteur inconnu, entre deux anges en bois verni. Celui de droite, juste au-dessus de la place traditionnelle de M. le curé, a conservé son aile trouée par une balle de la Commune, en mai 1871;

6° Les bas-reliefs en bois qui entourent extérieurement le chœur sont l'œuvre de Millet et de Derre. On a dit en leur temps que les saints et saintes ont reçu des artistes la figure de personnages de la politique et du monde de l'époque, plusieurs fort peu dévots, que le sculpteur a malicieusement menés à l'église, comme le peintre de la frise du Panthéon, où dans une pieuse procession allant vers l'autel aujourd'hui renversé, figurent en moines et évêques MM. Gambetta, Clémenceau, Spuller, Paul Bert et autres.

La chapelle de la Sainte-Vierge possède trois belles statues de Carrier-Belleuse : celles de sainte Anne et de saint Joseph, pleines de sentiment et très bien drapées, ne sont que des plâtres ; la mort du grand artiste ne lui a pas laissé le temps de faire les marbres.

La statue du principal autel, une Vierge assise montrant son petit Jésus, a eu la grande médaille à l'Exposition universelle de 1867 ; elle a été donnée par l'empereur à l'abbé Gayrard. L'élévation du corps de l'enfant devant la belle tête de la Vierge laisse malheureusement celle-ci trop dans l'ombre, et les études faites pour l'éclairer n'ont pas été reconnues pratiques. On ne voit la figure que lorsque l'autel est lui-même très illuminé, et il faut attendre le jour où l'éclairage électrique installé à Saint-Vincent-de-Paul permettra de mettre en face de la statue, dans l'angle du pilastre à l'entrée du sanctuaire, une intense flamme lumineuse avec réflecteur dirigeant la lumière.

L'église de Saint-Vincent-de-Paul possède encore une œuvre de maître sculpteur : c'est la statue du

Christ par Duret, qui est dans l'ancienne chapelle des catéchismes, dite supérieure. Elle y est perdue comme les verrières de Gsell. Il y a un projet de la descendre dans l'église, malgré les difficultés de l'escalier, et de l'installer sur un socle au-dessous du grand panneau de la chapelle, à gauche en entrant, où elle représentera très bien une statue du Sacré Cœur.

VII

LES FONTES

La porte principale, le baptistère et les grilles intérieures de Saint-Vincent-de-Paul sont remarquables, et ils ont leur histoire dans les arts décoratifs.

A leur époque il y avait parmi les artistes deux écoles : celle du bronze et du fer forgé ; d'autre part, celle de la fonte de fer. Celle-ci atteignait déjà la perfection dans l'Est de la France et à Paris. Hittorff, l'architecte de Saint-Vincent-de-Paul, et le fondeur Calla son ami, étaient parmi les promoteurs de la fonte ; mais ils la voulaient dans l'art décoratif autre que dans la mécanique : Calla ouvrit à ses frais un concours pour la recouvrir d'un enduit préservateur de la rouille, et d'un bel effet durable comme la patine du bronze. Aujourd'hui on a la galvanoplastie. Le concours de 1842 ne produisit rien de pratique et la fonte ne put être que peinte et dorée comme le bois, non sans empâter les lignes.

Néanmoins on lui donna une grande extension,

témoins les fontaines et candélabres de la place de la Concorde, ceux des Champs-Élysées et la belle fontaine de la place Louvois, aujourd'hui bronzés. Les balcons de la partie neuve du palais des Tuileries, aujourd'hui disparus, furent également de très beaux ouvrages en fonte de fer, par Calla.

Pendant que la Madeleine et Saint-Germain l'Auxerrois recevaient leurs belles grilles de bronze doré et fer poli, il fut décidé qu'à Saint-Vincent-de-Paul on adopterait la fonte; Hittorff remit ses dessins à d'habiles sculpteurs. Calla fut chargé de les couler en sa fonderie du faubourg Poissonnière, que son père avait établie dès l'année 1780.

Les fontes de Saint-Vincent-de-Paul proviennent donc du territoire même de la paroisse; Calla, leur auteur, n'était pas un industriel comme tant d'autres. Le quartier conserve sa mémoire, non seulement comme celle d'un grand chrétien et d'un illustre paroissien qui fut pendant quarante ans membre du conseil de la fabrique administrant l'église; mais il fut un des fondateurs de la paroisse par son activité et son influence, par les travaux dont il se chargea, par sa générosité et son désintéressement en toute occasion. Toutes les fontes de Saint-Vincent-de-Paul sont sorties de ses établissements, et à leur époque ce fut un travail non sans difficulté.

La porte principale a déjà été relatée : c'est un beau travail du sculpteur Farochon, qu'on remarque encore même après les célèbres portes de Florence, que Michel-Ange appelait les portes du paradis, et les portes en bronze de la Madeleine, le plus grand ouvrage connu en son genre; la porte en fonte de Saint-Vincent-de-Paul vient d'être restaurée et bronzée par les soins de MM. Denonvilliers et Albert Leclerc. Le baptistère, sculpté par Caunois, les bénitiers, les candélabres du chœur sont pareillement en fonte de fer, coulés par Calla et dessinés par Hittorff.

C'est aux grilles de l'intérieur de l'église, œuvres des mêmes artistes, qu'il faut donner l'attention principale. Celles des chapelles et du pourtour du chœur complètent manifestement un grand et riche effet.

VIII

LE TRÉSOR

Il ne faut plus chercher en France ces merveilleux trésors d'église qu'on admire en Italie, en Belgique et en Espagne. Parmi les paroisses de Paris, Saint-Vincent-de-Paul reste cependant dans une bonne moyenne; la plupart de MM. les membres du clergé possèdent en outre de très beaux ornements et des calices, parfois vrais chefs-d'œuvre d'orfèvrerie.

La paroisse, bien qu'elle ait été pillée en 1871, a encore une assez belle collection de vases sacrés, une Vierge en argent qu'on promène aux processions, des montures d'autel, des tapis, des lampes et de riches vêtements sacerdotaux.

Parmi ceux-ci il existe un ornement rouge de dix-huit pièces, curieux spécimen d'une industrie singulière qui a eu sa vogue. Il est en verre filé et c'est un don du roi Louis-Philippe, à l'époque de la consécration de l'église. La matière n'est pas précieuse, mais il est très éclatant aux lumières.

Les douze grands chandeliers et le crucifix du maître-autel composent une des plus riches garnitures de Paris.

L'autel lui-même aura un jour son baldaquin et ses six colonnes reconstruits en bronze, en ces deux tons que figure aujourd'hui la peinture, et les plaques imitant la malachite seront sinon en cette vraie pierre précieuse, du moins en l'un de ces marbres d'effet approximatif que l'art possède aujourd'hui en Tunisie.

La lampe du chœur, devant le Saint Sacrement, est un bel ouvrage de Caillat, orfèvre à Lyon, en bronze doré et en émail; elle a près de un mètre de diamètre et elle a coûté 9 000 francs, payés partie par la fabrique, partie par M. le curé Gayrard sur sa bourse personnelle.

Les trois lampes de la chapelle de la Sainte-Vierge sont pareillement en bronze doré et en émail. Elles sont, aux dimensions près, du même dessin bien venu. Les deux petites, après avoir été entre les colonnes, comme aujourd'hui, furent mises à l'entrée du sanctuaire, servant de lampes à veilleuse devant le Saint Sacrement; mal vissées sur le pilastre, avec un fort contrepoids, l'une d'elles tomba juste à la place que venait de quitter M. le curé Cabrillé, assistant à un convoi. On s'empressa de les remettre à leur place première entre les colonnes, et l'on mit devant le sanctuaire la grande lampe dont un de MM. les membres du conseil de fabrique a fait le dessin, exécuté par M. Favier, orfèvre de Paris.

Dans cette même chapelle de la Sainte-Vierge était un joli lustre en bronze doré et en cristal, un *ex-voto* de la pieuse Mme L... Ce lustre avait été emporté dans les déménagements de la Commune. Nous ne le revoyons plus aujourd'hui dans le lustre à gaz dont il occupe la place.

Est à citer encore à Saint-Vincent-de-Paul le *Chemin de la Croix* émaillé sur cuivre, œuvre très artistique et d'un prix élevé, mais ne produisant pas l'effet qu'il mérite. Il a été posé par M. le curé Gayrard, aux frais de pieuses paroissiennes.

Les tapis qui couvrent aux jours de fête le chœur et l'avant-chœur sont au nombre de deux principaux. Celui qui date de M. le curé Gayrard est le *tapis jaune*, parce qu'il se compose d'étoiles jaunes en deux tons sur fond blanc et bleu, avec riches encadrements de même couleur. Il a été dessiné par M. Simon-Girard, le doyen peut-être des paroissiens, et il se compose de parties rattachées qui ont été faites par presque toutes les dames de la paroisse.

L'autre tapis, dit le *tapis vert*, est un don récent de la pieuse Mme C..., travail prodigieux exécuté à la main par elle ou sous sa direction. On a estimé sa valeur à 80 000 francs. Il représente, en fort beau dessin et en brillant coloris, l'histoire de la création du monde au milieu d'un jardin. Pour voir bien cette merveilleuse œuvre de patience, il faudrait qu'elle fût dressée debout contre la muraille, comme un tableau. En ces pays où l'on fait argent de la visite des églises, le sacristain ne laisserait certainement pas passer les visiteurs sans les faire financer pour *voir le tapis*.

IX

LES ORGUES ET LE CHŒUR DU CHANT

Comme la plupart des paroisses de Paris, Saint-Vincent-de-Paul a deux orgues. A l'étranger certaines églises en ont une multiplicité : la basilique d'Einsielden en possède neuf.

Le grand orgue [1] de Saint-Vincent-de-Paul a été considéré comme le chef-d'œuvre du facteur Cavaillé-Coll. Il en existe de plus importants [2] qui sont aussi d'une remarquable réussite, et l'on sourit de la naïveté des touristes, en Suisse, qui ne manquent pas d'aller à Fribourg faire toucher l'orgue avec sa célèbre voix humaine, en payant 5 francs par personne, quand ils peuvent entendre pour rien, tant qu'ils veulent, à

---

1. On dit aussi les *grandes orgues*. Le dictionnaire autorise les deux genres.

2. Le nouvel orgue de Saint-Sulpice a 118 registres, 5 claviers, 20 pédales et près de 7 000 tuyaux. Le projet de l'orgue de M. Cavaillé-Coll pour Saint-Pierre de Rome comporte 124 jeux, 28 pédales 8 300 tuyaux et 5 claviers ; il sera le plus puissant du monde.

Paris, nos orgues perfectionnées de la Madeleine, de Saint-Sulpice, de Saint-Eustache, de Saint-Vincent-de-Paul et autres, touchées par Widor, Franck, Théodore Dubois, Gigoux, Boëllman.

Notre orgue de Saint-Vincent-de-Paul n'a pas été surpassé comme qualité, et il possède encore tous ses mérites des premiers jours, tant il a été apporté de soin à sa facture.

Il a longtemps servi au concours d'orgue du Conservatoire. Plusieurs de nos virtuoses actuels y ont commencé leur réputation. A peine fermait-on les portes de l'église au public, qui pouvait voir les graves juges du concours assis au banc-d'œuvre. L'organiste actuel est M. Boëllman, élève de Niedermayer et de Gigoux. Il a eu parmi ses prédécesseurs Fissot; professeur au Conservatoire, et Auguste Durant.

Suivant l'usage de Paris, le grand orgue de Saint-Vincent-de-Paul est très élevé, à l'entrée de la nef. Il a la particularité de comprendre deux corps, démasquant entre eux la rosace du fond de la tribune, qui éclaire si heureusement tout le haut de l'église. La grande baie de cette tribune débouchant sur la nef, et où se place le chanteur, est entourée de sculptures.

L'orgue de Saint-Vincent-de-Paul est donc double ou composé de deux buffets, contenant ensemble environ 2 600 tuyaux, y compris les soixante-douze de la façade. Le buffet de droite est celui du *grand orgue* proprement dit; l'autre est l'orgue du positif ou récit. Entre deux, au milieu de la tribune, est la console où l'organiste, placé dans les meilleures conditions, tantôt doit tirer son jeu de son improvisation, tantôt peut interpréter toute une œuvre orchestrale de maître, ce qui exige peut-être de lui encore plus de talent.

Il faut être monté à une tribune d'orgue pour savoir au milieu de quelles complications l'artiste développe ses mélodies et produit ses effets. L'orgue de Saint-Vincent-de-Paul a trois claviers de main qu'on peut spontanément, par un mécanisme, accoupler ou jouer isolément; un clavier de pied à deux octaves, dix-sept pédales de combinaison et quarante-sept registres de jeux; en voici la nomenclature principale attribuée à l'un ou l'autre clavier : flûtes, viole, salicional, gambes, cor anglais ou hautbois, voix céleste, voix humaine, onda-maris, bourdon, basson, trompettes, clairons, cromorne, doublettes, quintes, octavins, prestant, fournitures, tremblant, boîte expressive, bombardes, tonnerre. Bien curieuse est cette forêt de tuyaux de bois ou de métal, de tirettes et réglettes, entre lesquels sont des passerelles pour aller au besoin rectifier l'accordage.

Le grand orgue, ou les grandes orgues, sont d'origine ancienne dans l'église. Le petit orgue, dit du chœur ou d'accompagnement, s'est vu pour la première fois, à Paris, à Saint-Étienne du Mont, vers 1826, au temps du célèbre curé Ollivier qui, en passant à Saint

Roch, l'apporta avec lui [1]. Immédiatement l'orgue d'accompagnement se répandit partout, et Cavaillé-Coll fit celui de Saint-Vincent-de-Paul. C'est un très bel instrument de 984 tuyaux, avec deux claviers, plus un pédalier et vingt jeux, dont : hautbois, voix humaine, voix céleste, flûtes, trompette, clairons, bourdon, gambe, doublette et jeux de fond. La soufflerie du grand orgue est derrière dans une chambre, celle du petit orgue, en attendant sa descente en sous-sol, comme à Saint-Augustin, est dans le bas du buffet. Il y a quelques années, quand on l'a réparé, on y a trouvé logée toute une famille de rats que le jeu de l'orgue ne paraissait pas gêner.

Malgré ses incontestables mérites comme instrument solide, harmonieux et sonore, on ne peut taire que le petit orgue de Saint-Vincent-de-Paul est contesté au point de vue de sa composition d'accompagnement, et surtout en raison de son emplacement. L'église était construite avec son maître-autel en place, quand on voulut mettre dans le chœur, derrière celui-ci, un orgue qu'on ne pouvait alors prévoir. L'éminent architecte disait lui-même qu'il dut faire non le mieux, mais le moins mal possible, avec les données du programme imposé. Il n'en reste pas moins vrai que de ce trou étroit et étouffé derrière l'autel, ni l'orgue ni le chant ne peuvent faire ressortir leurs effets, non

1. Quand on écrira la description de Saint-Roch, on ne manquera pas de dire que ce petit orgue, devenu un monument historique, existe encore à la chapelle de la Sainte-Vierge.

plus que les meilleures voix et les œuvres musicales les mieux inspirées, ce dont se désolent les maîtres de chapelle et leurs artistes.

Actuellement, et non pour la première fois, on étudie de nouvelles dispositions, et en particulier le transport de l'orgue et du chant dans la galerie supérieure, comme à l'église de la Trinité. L'épreuve récente à l'harmonium a paru concluante, au point de vue musical ; mais on rencontre des difficultés peut-être insurmontables pour les travaux d'appropriation nécessaires.

La question du chœur de musique est aujourd'hui très importante dans les paroisses, où le public s'est habitué à beaucoup d'exigences. Nous sommes bien loin de cette époque de jansénisme renchérissant sur les protestants, où l'on ne tolérait que les chantres classiques dans leur riche chape, et le *serpent* ayant l'air d'accompagner ce qu'on voulait bien appeler le chant des fidèles. A l'étranger, même en Angleterre, les messes et saluts sont souvent des solennités musicales. Nos églises de Paris sont aujourd'hui dans une bonne moyenne ; les pompeuses cérémonies des basiliques romaines ne nous étonnent plus. Notre *chapelle* de Saint-Vincent-de-Paul a eu ses jours de réputation. On exécutait autrefois à notre paroisse les grand'messes en musique annuelles de l'Association des artistes. Sans prétendre égaler les paroisses de premier ordre où l'on veut, ou l'on peut faire servir au culte de Dieu ce qu'il inspire aux arts de plus beau et de plus large, on fait en ce moment toutes les études pour satisfaire les paroissiens de Saint-Vincent-de-Paul dans les limites du possible. Parmi les maîtres de chapelle on a eu Steenman, actuellement à Saint-Eustache, et Archaimbault, professeur au Conservatoire. Le maître actuel est M. Marcel Rouher; M. Grandjannie, du Conservatoire, tient l'orgue d'accompagnement; le chœur ordinaire se compose de sept hommes, ténors ou basses, et vingt enfants, plus un contrebassiste, en tout trente personnes, auxquelles s'ajoutent des artistes étrangers pour les grandes fêtes, les mariages et les convois.

Les enfants composent une *maîtrise* où se font à la fois leur éducation musicale et leur enseignement primaire. C'est une classe spéciale de l'école des Frères. Elle est actuellement en réorganisation pour des résultats plus favorables à la musique.

La bibliothèque musicale est une des richesses de la paroisse Saint-Vincent-de-Paul; on y compte plus de 60 messes et plus de 150 motets du plus beau caractère et des premiers maîtres : Haydn, Beethoven, Cherubini, Lesueur, Choron, Weber, Gounod, Ambroise Thomas, Auber, Dietsch, Adam, Rossini, Franck, Rousseau, Dubois, etc. On a donc eu raison de dire que l'église de Saint-Vincent-de-Paul est éminemment artistique, par sa musique comme par ses peintures et sculptures.

X

MESSIEURS LES CURÉS DE S.-VINCENT-DE-PAUL.

La paroisse a déjà eu dix pasteurs ayant tous laissé un souvenir vénéré et affectueux.

L'abbé Mayroud, fondateur et premier curé de Saint-Vincent-de-Paul-Montholon en 1802, était un de ces bons vieux prêtres ayant miraculeusement traversé la Révolution et qu'on retrouva debout, plein de courage au rétablissement du culte.

On pourrait faire un roman sur ses recherches d'églises trois fois déménagées, effondrées de temps à autre, ayant plus de dettes que de fidèles, et sur son apostolat au milieu de ses paroissiens du Glos-Saint-Lazare qu'il étonnait bien en leur disant qu'il y a un Dieu et une autre vie.

L'abbé Grignon, curé de Charenton, a été appelé à la cure de Saint-Vincent-de-Paul-Montholon, après le décès du vénérable Mayroud, et fut installé le 15 novembre 1810 par le curé de Saint-Sulpice, délégué du nouvel archevêque de Paris, le fameux cardinal Maury, qui, en diverses occasions, témoigna de son intérêt à la pauvre paroisse, notamment en reculant sa circonscription jusqu'aux boulevards, ce qui lui fut retiré quarante ans plus tard, pour former la paroisse Saint-Eugène.

L'abbé Grignon parvint à un résultat financier qui était jusqu'alors désespérant : Il entra dans la cure avec un budget de 6 600 francs en recettes et 17 300 en dépenses. En 1820, les comptes de la fabrique accusent 918 francs d'excédent de recettes, et le culte n'avait plus cette simplicité de village qui dans une capitale n'est jamais favorable à la cause de Dieu.

Le troisième curé de Saint-Vincent-de-Paul, installé le 19 décembre 1821, un mois après la mort du pieux Grignon, ne fut rien moins que l'abbé Bernet, lequel, six années après, fut évêque de la Rochelle, puis archevêque d'Aix, et est mort cardinal en 1844, à la veille de la consécration de l'église définitive.

Le sacre de l'évêque de la Rochelle eut lieu avec une grande pompe à Saint-Sulpice, le dimanche 12 août 1827. La paroisse s'y rendit en corps, son conseil de fabrique en tête, comme témoignage de vénération affectueuse pour l'illustre pasteur qu'elle perdait.

Notre quatrième curé, l'abbé Cayla, installé le 30 septembre suivant, est resté mémorable dans la paroisse par son administration de vingt-sept années. C'était la personnification du pasteur simple et bon enfant. Il avait fait de la pauvre chapelle de Montholon un sanctuaire convenable, ayant des objets d'art; et il avait réuni autour de lui un clergé des mieux choisis : l'abbé Noël, l'organisateur avec lui, de la plupart des œuvres de la paroisse, les abbés Butteux et Bessières, deux apôtres, l'abbé Bardin, très fort musicien violoniste qui fut le protecteur et paraît-il, le maître d'un des virtuoses de notre temps. Il mit sur un bon pied le chant de la maîtrise. On venait beaucoup au mois de Marie, où chantaient les artistes du Conservatoire alors sur la circonscription de la paroisse.

L'abbé Cayla eut la joie d'inaugurer la nouvelle église consacrée par Mgr Affre en 1844, et il en resta pasteur jusqu'en 1852, époque à laquelle il fut fait chanoine titulaire de Notre-Dame.

L'abbé Corbière, cinquième curé venait de Passy et fut installé le 8 janvier 1852. C'était un savant mathématicien et en même temps, un zélé pasteur. Il resta quatre ans, puis il démissionna, non sans avoir eu un violent chagrin : on lui enleva pour former la paroisse de Saint-Eugène, toute la partie de sa circonscription occupant le bas du faubourg Poissonnière.

L'abbé Chossard, sixième curé, venant de Saint-Ambroise fut installé le 28 février 1856 par l'abbé Surat, plus tard Mgr Surat, cet idéal du prélat sympathique et majestueux, qui fut un des otages fusillés sous la Commune en 1871. Le curé Chossard était son pendant : on trouverait difficilement un prêtre plus aimable et plus imposant dans sa robe de chanoine et sous sa blanche tête poudrée à la mode de l'ancien régime. Mais c'est surtout à cause de sa douceur qu'on lui donna son surnom d'abbé Mouton, sans manquer au respect qu'il inspirait.

Il avait été, comme l'abbé Surat, de cette incomparable pléiade entourant le célèbre archevêque de Quélen.

Le pastorat de l'abbé Chossard fut une des plus brillantes époques de la paroisse de Saint-Vincent-de-

Paul : passionné pour la pompe du culte, il fit celui de son église un des plus beaux de Paris. Par sa bonne administration, les revenus de la fabrique s'augmentèrent considérablement.

Il construisit le presbytère et la maison d'école dont la paroisse fit en partie les frais. C'est sous son pastoral qu'on eut la statue de la Vierge en argent, qu'on expose et promène en procession.

Mais l'entourage de l'église était encore si peu sûr, bien qu'on eût construit la première gare du Nord, qu'on fut obligé d e continuer à fermer à la tombée de la nuit, et l'on ne connaissait pas les offices du soir. L'abbé Chossard ne se fût pas consolé d'un accident arrivé à un de se s enfants, comme il appelait ses paroissiens.

En 1866, au décès du vénérable et doux abbé Chossard, il lui fut donné un successeur dépassant toute espérance, et que Mgr Darboy voulut venir installer en personne : ce fut l'abbé Véron, grand vicaire du diocèse, l'un des prédicateurs renommés de ce temps, où prêchaient Lacordaire, de Ravignan, Cœur, Comballot, Félix. C'était aussi cette époque d'ardentes luttes religieuses, où l'abbé Véron eut particulièrement beaucoup de chagrin. Quand il demanda la cure de Saint-Vincent-de-Paul, on s'étonna; passer de la première dignité du diocèse après l'archevêque à une cure de troisième classe, c'était, lui dit-on, devenir d'évêque meunier.

«Oh! répondit-il, le moulin est si joli!» Hélas! l'éminent pasteur nous arrivait épuisé, et huit mois après, sa mort presque subite consternait la paroisse.

L'abbé Gayrard, notre huitième curé, lui succéda en 1867, et bien qu'il ne resta que trois ans, pour retourner à son cher Saint-Louis d'Antin, c'est un de nos pasteurs ayant le plus contribué à la prospérité de la paroisse et à la pompe de l'église. On avait eu dans l'abbé Corbière un savant, on eut dans l'abbé Gayrard un artiste de famille. Le culte prit encore plus d'éclat, le chant fut réorganisé et l'on disait de Saint-Vincent de Paul, qu'il y avait là une des meilleures chapelles de Paris.

Parmi les créations de l'abbé Gayrard, il faut citer la restauration des sculptures de Bosio au maître-autel; la pose du chemin de croix très finement fait, bien qu'il ne produise pas son effet; l'acquisition de la belle lampe du chœur en partie à ses frais, et la confection du tapis de chœur, dit le *tapis jaune*, par les dames de la paroisse.

L'abbé Gayrard constitua autour de lui un clergé modèle. Toutes les œuvres de la paroisse furent perfectionnées.

Mais la création capitale de l'abbé Gayrard fut la chapelle de la Sainte-Vierge avec la crypte des catéchismes. L'actif pasteur n'eut le temps que de faire le gros œuvre de la nouvelle construction. L'ornementation fut laissée à son successeur.

Celui-ci, notre neuvième curé, fut l'abbé Cabrillié, installé en 1870.

C'était l'enfant de la paroisse. Né à Rodez il était fort jeune encore quand sa famille vint avec lui à Paris, rue de Chabrol; il fit sa première communion à la chapelle de la rue Montholon. On a vu qu'il était l'un des séminaristes assistant Mgr l'archevêque à la dédicace de l'église en 1844. Il fut un de ses vicaires, plus tard son second vicaire et enfin son curé pendant quatorze ans. Son pastorat a été marqué par trois événements principaux : l'achèvement et la décoration de la chapelle de la sainte Vierge; les orages de la guerre et de la Commune; enfin, la laïcisation des écoles de la paroisse et la création des écoles libres. Nous avons parlé de la chapelle de la sainte Vierge, décorée par Lameyre et enrichie des tableaux de Bouguereau. Dans le domaine artistique, il faudrait encore ajouter, comme œuvre de l'abbé Cabrillié, le nettoyage des frises de Flandrin.

Nous consacrons ci-après un article spécial à l'histoire de l'église Saint-Vincent-de-Paul pendant les deux sièges.

La création des deux écoles libres de la paroisse n'a pas besoin d'être louangée. On sait quelles difficultés à vaincre et quelle énergie dans la réussite. Elle fut d'autant plus digne d'admiration que l'abbé Cabrillié était malade et très timide. Il s'est éteint doucement, au matin du jour de l'Assomption, 15 août 1884; ayant eu des amis passionnés à ce point que plusieurs n'ont plus voulu rentrer à l'église où ils ne le voyaient plus, et sont allés en d'autres paroisses.

Le 16 octobre 1884, fut installé le dixième curé de Saint-Vincent-de-Paul, notre cher abbé Hutellier, un pasteur aimé et vénéré comme ceux auxquels il succède; sa modestie nous défend d'en dire plus.

Ainsi Saint-Vincent de Paul inauguré par un cardinal, consacré par un grand archevêque, a eu dix curés, tous hommes supérieurs, dont l'un devint prince de l'Église; un autre fut installé par Mgr Darboy, l'archevêque martyr, quatre furent chanoines honoraires ou titulaires.

MM. les vicaires ont d'autre part fourni au diocèse de Paris plusieurs de ses plus éminents prêtres, dont cinq curés, plus quatre premiers vicaires de diverses paroisses, et deux aumôniers militaires. MM. Carmer et Bonhomme, l'un cité à l'ordre du jour, l'autre décoré sur le champ de bataille.

XI

LA PAROISSE PENDANT LES SIÈGES DE 1870-71

En cette époque qui a nom *l'année terrible*, chaque quartier, chaque édifice, presque chaque maison a eu son histoire, et Saint-Vincent-de-Paul a la sienne.

Comment oublier ces journées de fin juillet, où la foule amassée sous le porche et sur le perron de l'église, acclamait les troupes qui se rendaient aux gares de l'Est et du Nord, avec plus d'enthousiasme que d'ordre!

Et cette matinée de la fausse victoire, où la place

Lafayette fut *ex abrupto* si bien pavoisée, et où l'on apprit ensuite qu'au lieu d'un succès nous avions les désastres de Vissembourg et de Forbach ! On n'a jamais su d'où vint l'étrange mensonge ; s'il fut, comme on le disait, une manœuvre des agents de l'ennemi, la consternation produite répondit bien à leurs vœux.

Le jour de l'Assomption suivant, à la grand'messe, un de MM. les vicaires fit, d'une voix pénétrante, la lecture du patriotique mandement de Mgr Darboy. On sortit de l'office un peu consolé et encouragé, avec espoir en la protection de la patronne de la France, à qui, en ce jour de sa fête populaire, le prélat, futur martyr, consacrait de nouveau Paris, comme il l'avait été par Louis XIII et le cardinal de Richelieu, en pareil jour de grand danger public.

C'est au sortir de la grand'messe du premier dimanche de septembre suivant, qu'on lut en pleurant l'affiche placardée sur les murs de l'église, annonçant la catastrophe de Sedan, qui allait, dans l'après-midi de ce même jour, déterminer l'inoubliable révolution.

Le troisième dimanche du même mois, une autre affiche, comme toujours placardée sur les murs de Saint-Vincent-de-Paul, contre les escaliers, nous apprenait pareillement, au sortir de la grand'messe, que l'investissement était complet et qu'on allait raser le bois de Boulogne, les maisons de campagne et tout ce qui pouvait, autour de Paris, gêner la défense. « Oh ! mon Dieu ! dit une des paroissiennes lisant l'affiche, ma maison de campagne y est donc comprise, dans le rasement?... Enfin, puisqu'il le faut!... »

Le mardi suivant, vers dix heures du matin, l'épouvante fut à son comble et on se rua en foule dans l'église, comme en un lieu d'asile. Une immense nuée noire fit presque la nuit et enveloppa les tours. Des gens effarés couraient en criant que les Prussiens étaient entrés par la Villette, qu'ils brûlaient les docks du canal et les gares aux marchandises de l'Est et du Nord. Vérification faite, c'était bien un incendie, mais celui, tout accidentel, des pétroles et graisses approvisionnés aux buttes Chaumont, comme on approvisionna tout alors, sauf à mal s'en servir, au cours du siège.

Celui-ci était consommé, et deux des vicaires de la paroisse étaient partis comme aumôniers avec les corps d'armée. Néanmoins, pas un seul jour, jusqu'à la fermeture par les communards, l'église n'interrompit ses messes et ses cérémonies avec leur pompe accoutumée. Ni la musique ni les prédications ne manquèrent aux jours les plus douloureux, pas même au jour de Noël, resté mémorable par ses 23 degrés de froid. En sortant de la messe, des gens se connaissant à peine s'informaient des nouvelles de la nuit, où l'on avait entendu le canon du côté de l'Est, et ils se racontaient, avec cette bonne humeur toujours parisienne, comment ils avaient fait d'étranges réveillons avec les cuissots de chien, les filets de cheval, les confitures de betteraves et le pain d'avoine si petitement rationné. On se demandait surtout les nouvelles de cette terrible nuit aux avancées d'Issy et de Champigny, où nos pauvres soldats, les maris et les fils de ces interrogatrices anxieuses, avaient presque partout voulu avoir aussi leur messe de minuit, parfois sous le canon allemand.

La paroisse de Saint-Vincent-de-Paul avait spontanément organisé, comme la plupart des autres, son ambulance au presbytère, où les soins étaient donnés par le clergé, les sœurs, les dames et les médecins du quartier. A la nuit venait la voiture de déménagement qui faisait sa tournée pour emporter les morts dans leur humble cercueil de bois blanc, après les avoir alignés à l'Église pour les dernières prières. Il n'était pas rare que ce grand fourgon s'en allât plein vers le cimetière.

Mais ce n'était rien auprès des épreuves que le second siège réservait à l'église de Saint-Vincent-de-Paul : déjà, plusieurs sanctuaires avaient été pillés, saccagés, profanés. Une rage satanique s'attaquait surtout à ceux au vocable de la sainte Vierge. Notre-Dame, qu'on devait tenter plus tard d'incendier, avait vu son vénérable archevêque enlevé et mis à Mazas, en attendant le massacre, en même temps que l'excellent Deguerry, curé de la Madeleine, le plus populaire des prêtres de Paris. A Notre-Dame de Lorette tout était brisé, même la *Pieta* du maître-autel, en bronze doré, magnifique œuvre de Cortot, perdue pour les arts et pour Paris. A Notre-Dame des Victoires, on avait profané les restes du saint curé Desgenettes, et Saint-Laurent, paroisse d'une archiconfrérie, avait eu son absurde roman du *Pilier scélérat* et du *Caveau des cadavres*[1].

Notre paroisse de Saint-Vincent-de-Paul n'avait pas encore été inquiétée, et les fêtes de Pâques s'étaient célébrées tranquillement. Le dimanche suivant, de la Quasimodo, les vêpres venaient de finir devant une assistance nombreuse : une troupe de ces soldats qu'on appelait les fédérés entra, conduite par le citoyen L..., qui avait pour spécialité les viols d'églises et les cassures de presses d'imprimerie, et devant qui tremblait Raoul Rigault, de sinistre mémoire. L... monta en chaire, et il nous semble encore entendre son sardonique : « Sortez tous, il n'y a plus ici de bon Dieu, on va fermer. » Le déménagement du mobilier de l'église commença dans deux grands fourgons qui étaient à la porte.

Cinq prêtres étaient encore à la sacristie; on les arrêta, mais on leur laissa consommer ou emporter les saintes hosties. On voulut arrêter aussi comme

1. Dans un pilier qui n'a pas un mètre carré on prétendit avoir trouvé une prison où, disait-on, les prêtres enfermaient leurs victimes. Le tout Paris d'alors vint voir, et des gens s'en allaient non bien sûrs qu'il n'y avait pas *quelque chose* de vrai au fond de la fable. Dans un caveau on trouva en effet treize squelettes. On imprima et on afficha que c'étaient les jeunes victimes de la lubricité des prêtres. Des fonctionnaires moins imbéciles firent une enquête : la conclusion fut que c'étaient les restes des anciennes abbesses du couvent voisin de Saint-Lazare, la plus jeune ayant dû avoir environ cinquante ans.

otage un marguillier, mais le citoyen L...., qui avait de la littérature, ayant été correcteur d'imprimerie, se souvint sans doute du vers : « Que ferez-vous, Monsieur, du nez d'un marguillier? » Il le laissa aller et relâcha aussi les cinq prêtres, qui se réfugièrent de divers côtés, dans le quartier, à la disposition de qui les demanderait. L'un d'eux, l'abbé de Marsy, eut plus tard sa triste épopée.

A cinq heures, au milieu de la foule assemblée extérieurement aux portes, gardées par de sinistres sentinelles, se présenta l'humble convoi d'un blessé de Champigny, venu mourir chez lui, dans notre quartier. On eut beau parlementer avec cris, rage et désespoir, on n'obtint des factionnaires autre réponse que celles du citoyen L... : « Il n'y a plus de Dieu, ni de curés, ni de prières. »

On épargna du moins à saint Vincent de Paul, de convertir l'église en club, comme ce fut le sort de tant d'autres, et parmi les affiches étonnantes dont furent couverts les murs, on ne vit pas la fameuse ordonnance autorisant « d'employer à *l'éducation du peuple les édifices servant jusqu'alors à l'abêtir* ». *(Sic.)*

Qu'on ne croie pas à l'absence des protestations dans le quartier, et à une simple consternation passive. Des hommes courageux se réunirent et voulurent agir. « Nous allons nous faire casser les os, dit l'un d'eux, M. C..., artiste illustre; j'y vais, à la condition pourtant que ça ne sera pas que du don-quichotisme inutile. »

Un fonctionnaire communard, assez bon homme, et qui, tacitement, était indigné aussi, vint trouver les protestataires. « Restez tranquilles, leur dit-il, vous ne pouvez rien ; vous serez deux cents, ils iront en chercher deux mille à Belleville ; on fera bataille. Ils ne vous font que des déménagements ; on vous cassera tout. »

Ce n'était que trop évident, et il fallut, avec une impuissante fureur, regarder une espèce d'Hercule, à figure patibulaire, descendant l'escalier de l'église chargé d'un sac à charbon plein de vases sacrés, sous le poids desquels il pliait ; il s'en alla par la rue Lafayette, portant, disait-il, son fardeau à la Monnaie. Un camion emporta le tapis et les chandeliers du maître-autel avec leur crucifix. On verra plus loin comment on les retrouva après la semaine sanglante.

<h2 style="text-align:center">XII</h2>

<h3 style="text-align:center">LA RÉOUVERTURE DE L'ÉGLISE</h3>

Au matin du 24 mai, dimanche de la Pentecôte, on échangeait encore des obus entre le plateau de Montmartre occupé par l'armée, et les hauts du Père-Lachaise, dernière position des fédérés. Mais tout le quartier de Saint-Vincent-de-Paul était pacifié après une affreuse semaine de batailles acharnées. La gare du Nord avait été prise le vendredi, mais la soirée n'en fut pas moins, en cette partie de Paris, l'une des plus sinistres : sept incendies, allumés par les fédérés dans leur retraite, à la Villette et au faubourg Saint-Martin, projetaient leurs flammèches sur les toits de Saint-Vincent-de-Paul. On croyait le feu tout proche, sans pouvoir aller au secours avec la multitude des pompes venues de partout, à cause des grêles de balles qu'on recevait jusque sur la place de la gare. Le samedi, on continua à se canonner des deux bouts du boulevard Magenta. Pendant la nuit toute lutte cessa. Le dimanche matin le boulevard avait son pittoresque aspect de champ de bataille, avec arbres cassés, maisons criblées, persiennes pendantes, débris de toute sorte, armes et flaques de sang sur le sol.

A sept heures du matin, on entendit avec tressaillement la cloche de l'église qui, dans le silence du quartier, retentissait au loin comme au village.

Elle annonçait la réouverture de l'église. On sonnait la messe. Il y en eut deux ce premier jour : la messe basse, dite à sept heures par l'abbé Leclercq, qui, le premier, sortit de sa retraite et revint prendre possession de l'église, où arrivèrent bientôt les suisses et sacristains. Heureusement l'église pillée, déménagée, privée de ses ornements d'autel et d'une partie seulement de ses vases sacrés ou ornements sacerdotaux, n'avait pas été profanée comme d'autres paroisses, et l'on pouvait *de plano* la rendre au culte.

Cette première messe, qui doit être un grand et cher souvenir dans la vie du vénérable abbé Leclercq, fut

---

1. Aujourd'hui premier vicaire de Notre-Dame de Lorette.

une messe militaire, en la présence des troupes ayant conquis le quartier. Le général Ladmirault et son état-major occupaient le chœur. Le régiment n'avait pas sa musique, mais les tambours et les clairons firent résonner l'édifice à l'élévation, au début et à la fin de la messe.

La seconde messe, la grand'messe, fut dite à dix heures par l'abbé Sobaux [1], aumônier de la division militaire. Sur le maître-autel, dépouillé de sa riche garniture, étaient deux chandeliers de salon et un crucifix de bois noir. Au pupitre de chant étaient trois enfants de chœur et M. Beaugrand, le baryton ordinaire, qui chante si chaleureusement le *Credo* aux jours de fête et qui a été notoirement un des meilleurs musiciens d'église. A l'élévation, il dit un motet accompagné de l'orgue, et la très nombreuse assistance chanta avec lui le *Veni Creator* du jour de la Pentecôte.

Les dégâts étaient insignifiants, ce qui étonne après les batailles acharnées qui eurent lieu autour de l'église; car du côté des fédérés comme du côté des troupes, il y eut beaucoup de courage et de ténacité. Les dégâts consistaient en quelques cassures de vitraux et en des traces de projectiles, notamment au banc-d'œuvre, où on a conservé le trou de balle dans l'aile de l'ange qui est à droite, au-dessus de la place de M. le curé.

Il n'y eut point de vêpres; à leur heure ordinaire la foule accumulée sur le perron de l'église vit un lamen-

---

1. Aujourd'hui curé de Saint-Pierre de Montmartre.

table spectacle, cruelle contrepartie de ce défilé des troupes si acclamées en l'été précédent, quand elles allaient s'embarquer pour Metz. C'était aussi un interminable défilé : celui de ces milliers d'insurgés ramassés à Belleville et Ménilmontant, qu'on menait par la rue Lafayette, à l'Orangerie de Versailles, au milieu des malédictions furieuses de la foule. Il y avait des soldats, des civils, des femmes et des enfants, des gens en tenue bourgeoise, des porteurs de haillons. Tout cela marchait entre des soldats aux armes chargées, se tenant par les bras, quatre par quatre, dans la sombre attitude silencieuse de vaincus consternés. En tête on remarquait un grand vieillard, à très longue barbe blanche, presque en tenue de soirée, qu'on disait un chef de la Commune et qu'on interpellait surtout avec fureur.

On a dit que le perron de Saint-Vincent-de-Paul fut ensanglanté par des exécutions militaires. C'est une erreur. Il n'y en eut aucune autour de l'église, et bien que la bataille y ait été vive on n'a pas vu de sang répandu comme en d'autres voies publiques. Ces tristes répressions qui sont une des horreurs de la guerre, avaient lieu soit au fond de la gare du Nord, où siégeait le conseil de guerre, soit contre un petit mur d'un terrain vague non encore construit, au coin de la rue de Maubeuge et du boulevard Magenta. Il y a eu là sept exécutés, dont le misérable qui tua sur la place Denain un lieutenant faisant la distribution des vivres, et la mégère cachée dans un fourgon à persiennes de la gare du Nord, d'où elle fusilla à bout portant successivement deux factionnaires, n'ayant que le regret d'avoir manqué le troisième. Le même soir un soldat de la ligne racontait, fondant en larmes, comment il avait dû fusiller une jolie fille de seize ans, surprise en flagrant délit d'incendie des caves, à qui on ne put pas persuader qu'elle était une criminelle, et non une héroïne et qui promit, si on la relâchait, de brûler sans pitié le quartier, pour venger, disait-elle, le peuple vaincu par la bourgeoisie.

Les jours suivants on retrouva peu à peu la plupart des objets du matériel de l'église, que les pilleurs avaient emportés pour, disaient-ils, les vendre ou les fondre à la Monnaie, au profit du trésor de la Commune.

Le retour de la garniture du maitre-autel fut un événement : elle avait été emportée dans un hangar de Clignancourt, en attendant la vente aux *corbeaux* qui suivaient l'armée allemande et qui ne récoltaient pas que les pendules. M. Bon, sacristain, les avait courageusement suivis, de même qu'il eut la joie de les aller rechercher après la *semaine sanglante*. On les rapporta triomphalement sur un de ces camions bas qu'on appelle *un diable,* et dans cette foule avide de rire après avoir pleuré et tremblé, on faisait des quolibets sur les *chandeliers de Saint-Vincent-de-Paul rapportés par le diable.*

Parmi les membres du clergé qui revinrent successivement, l'un d'eux, M. l'abbé de Marsy, a vraiment par miracle conservé sa vie et échappé au massacre des autres otages.

Arrêté, lui aussi, à la sacristie, le jour de la Quasimodo, et comme le chef des fédérés, L..., refusait de le lâcher avec les autres, il obtint d'être conduit à la préfecture devant Raoul Rigault. C'était, lui dit-on, s'aller jeter dans la gueule du tigre; mais sa bonne humeur plut au féroce fonctionnaire et il lui délivra le fameux exeat : *Laissez en liberté le citoyen Marsy qui se dit prêtre d'un nommé Dieu.*

« Par exemple, ajouta-t-il, tu me demandes des garanties; je n'en ai pas pour moi même; va faire ton métier à tes risques et périls. » Et l'abbé de Marsy revint à Saint-Vincent-de-Paul; il ne voulut pas rouvrir l'église, mais il disait publiquement la messe tous les matins, à la chapelle du patronage Saint-Charles. Il annonça que les églises voisines étaient fermées et saccagées, mais qu'à Saint-Roch le culte continuait encore. Il continua en effet jusqu'à la fin, par un vrai miracle, avec sa pompe accoutumée.

« Mais ajouta l'abbé de Marsy, si vous voulez assister au mois de Marie, allez y à quatre heures, et non le soir, où vous auriez un club[1]. »

Ainsi se poursuivait le service ecclésiastique de la paroisse de Saint-Vincent-de-Paul. quand dans l'après-midi de l'Ascension, l'abbé de Marsy passant rue de Maubeuge, fut bousculé, maltraité, traîné à Mazas,

1. Bien intéressante et bien curieuse serait l'histoire de l'église Saint-Roch, si riche en œuvres d'art et en souvenirs historiques,

puis à la Roquette, dénoncé par un fournisseur du presbytère, a-t-on dit, comme ayant *mal parlé* des fédérés et de la Commune, à propos du pillage de Notre-Dame des Victoires.

L'histoire de sa captivité a été écrite avec celle des autres otages à la Roquette. L'abbé de Marsy eut la consolation de céder à Mgr Darboy sa cellule, un peu moins infestée de vermine. Il fut un de ceux qui parvinrent à s'échapper avec tant d'audace et d'esprit, le jour même du massacre, et pendant qu'on *tuait comme un chien* ce beau et doux vieillard ayant nom : Mgr Surat. L'abbé de Marsy revint à Saint-Vincent-de-Paul le soir même du dimanche... en quel état !... et en quel costume !...

A ce moment on s'occupait de libérer les bonnes sœurs de Saint-Vincent de Paul, prisonnières à Saint-Lazare. « Après tout, disait l'une d'elles en souriant, c'est notre maison-mère... avec un personnel bien changé sans doute, mais qui nous a traitées avec un étonnant respect. »

XIII

LES ŒUVRES DE LA PAROISSE

La paroisse de Saint-Vincent-de-Paul a possédé, presque dès son origine, tous les catéchismes, depuis celui des petits enfants jusqu'à ceux de la persévérance ; toutes les confréries et associations de prières ; toutes les œuvres de bienfaisance, depuis la *crèche* jusqu'à *l'œuvre des vieillards*, en passant par toutes les formes de secours et de patronage qui sont l'honneur de notre Paris, dont un nonce du Pape disait : « C'est peut-être la ville où il se fait le plus de mal, mais certainement celle où il se fait le plus de bien. »

Les œuvres de la paroisse de Saint-Vincent-de-Paul sont centralisées aux deux maisons d'école, à la maison du patronage Saint-Charles, rue de Bossuet, et au presbytère, en une salle dite des Œuvres, ornée des dessins des peintures de l'église, où se tiennent les comités et conseils.

Les *Écoles libres* ont été créées à la suite de la laïcisation des écoles municipales, par une société civile de paroissiens, sous la présidence de M. le curé.

L'école des garçons, dirigée par les *Frères*, occupe une maison louée à l'angle du faubourg Poissonnière et de la rue de Dunkerque : trois cent cinquante élèves y reçoivent l'instruction en cinq classes. A l'école est annexée la maîtrise des enfants de chœur de l'église.

L'école des filles, l'orphelinat, le patronage des filles, les associations des Enfants de Marie et des Saints-Anges, ainsi que les œuvres de secours aux pauvres et aux malades, sont réunis dans la propriété de la société civile, rue de Rocroy.

La construction, en brique, pierre et fer, fait honneur à l'architecte Albert Leclerc, qui ne pouvait disposer que d'un très restreint terrain. La chapelle est charmante avec ses vitraux, dont les figures ont été prises d'après divers habitants du quartier.

La vaste action charitable de la paroisse est exercée

par les dames de charité et la Société de Saint-Vincent de Paul, sous la haute direction ou présidence de M. le curé et de MM. les vicaires.

Les dames de charité, au nombre de cent cinquante, ont dans leurs attributions, avec le concours des *sœurs*, toutes les œuvres de jeunes filles, leurs écoles et leur patronage, ainsi que l'assistance des pauvres, des malades, des vieillards, etc.

Notons, après les écoles, les œuvres suivantes ayant leur spécial caractère d'œuvres paroissiales.

Et d'abord l'*Orphelinat* fondé, dès les premiers temps de la paroisse par de hautes et puissantes dames de la cour. Actuellement, de quarante à soixante jeunes filles, enfants du quartier, admises dès l'âge de huit ans, reçoivent l'éducation scolaire et professionnelle et trouvent une adoption remplaçant autant qu'il se peut la famille absente, jusqu'à l'âge où elles entrent en condition et se subviennent.

L'*École d'apprentissage*, dite école Saint-Louis, donnant à environ vingt jeunes filles sortant des classes, l'instruction professionnelle, principalement dans les états de lingère ou de couturière.

Le *Patronage des jeunes filles* offre à celles qui sortent des écoles ou de l'orphelinat l'asile du dimanche, le service religieux approprié pour elles, la récréation, la promenade, les encouragements et récompenses; au besoin les secours médicaux et des vêtements. Les dames du patronage se divisent entre elles la visite des jeunes filles, aux maisons qui les emploient. Leur nombre moyen est de cent cinquante inscrites.

L'Œuvre des malades porte à domicile ou distribue à la pharmacie des sœurs, aux malades pauvres, les secours et médicaments. Elle les console, les ramène à Dieu, leur fait recevoir au besoin les sacrements de l'Église. A l'intention de ces malades et de tous ceux de la paroisse qui sont recommandés, la messe est dite par M. le curé, après annonce au prône, à la chapelle de la Sainte-Vierge, que M. l'abbé Gayrard a mise sous le vocable de Notre-Dame de Consolation.

La *Crèche à domicile* est une des institutions de cette excellente Mme L...., qu'on nomme la providence du quartier. La paroisse n'a pas de crèche proprement dite, comme celle de la rue Rodier. Notre système de crèche consiste à porter au domicile des accouchées pauvres les soins et encouragements, les secours, le linge et la layette de l'enfant. Il n'est pas rare de le trouver à la première visite, sans berceau, couché presque nu sur un tas de chiffons, en un taudis infect où la mère n'a pas reçu les soins élémentaires. L'enfant a droit au moins à deux layettes, celle de Noël et celle de Pâques, en souvenir des deux grandes fêtes.

L'Œuvre des vieillards tient l'autre bout du réseau des œuvres paroissiales directement confiées aux dames de charité et aux sœurs, sous la présidence de M. le curé. Elle réunit ces vieux pauvres en une sorte de patronage ayant de l'analogie avec l'œuvre de la Sainte-Famille, que nous allons retrouver à la rue de Bossuet, mais avec leur caractère spécial : on visite chez eux et on aide à bien mourir ceux que l'impotence cloue en leur domicile; on rassemble les autres le dimanche, à la maison d'école de la rue de Rocroy.

Le *Vestiaire* des pauvres réunit chaque semaine, en une longue et pieuse séance, trente dames ou demoiselles qui confectionnent ou réparent des vêtements pour les pauvres, le linge, les robes, les layettes, etc., que distribuent les diverses œuvres précitées.

Voilà les principales œuvres des dames et des sœurs de la paroisse de Saint-Vincent-de-Paul, auxquelles s'ajoute la laborieuse mission des quêtes, de l'organisation des loteries, ventes et autres exigences financières de la charité.

Les œuvres des hommes ne sont pas moins nombreuses : les principales, outre l'école des Frères et ses annexes, sont : la Conférence de Saint-Vincent de Paul, le patronage Saint-Charles, les œuvres de la Sainte-Famille, des Loyers, des Mariages et du Fourneau. Chacune a son histoire : nous ne pouvons que la résumer.

La Conférence de Saint-Vincent de Paul, pour la visite des pauvres, a été l'une des premières créées à Paris. C'était naturel au quartier où vécut son glorieux patron et en la paroisse à son vocable. Ses fondateurs furent le docteur Capitaine et l'abbé Noël, le zélé vicaire de la chapelle provisoire de la rue Montholon.

Le second président, au décès de M. Capitaine, déjà faisant fonctions de secrétaire, ne fut rien moins que le jeune avocat qui devint le *P. Ollivaint*, l'un des fusillés de la Commune, en 1871. N'a pas qui veut un glorieux martyr parmi ses ancêtres. La Conférence eut rapidement un succès extraordinaire, malgré les contradictions de ceux qui ne comprenaient pas ces *laïcs montant sur les confessionnaux* (*sic*). Les recettes à distribuer aux pauvres du Clos-Saint-Lazare furent magnifiques; Lacordaire, l'ami d'Ollivaint, prêcha pour sa conférence; des concerts à son bénéfice furent donnés par les plus grands artistes. Les hommes les plus éminents furent membres actifs ou honoraires, ou souscripteurs. Les règlements de la Société de Saint-Vincent de Paul interdisent de parler des membres vivants. Parmi ceux que Dieu a rappelés à lui, nous lisons sur les anciennes listes : Nicolet, un maître du barreau de Paris, qui fut un de ses batonniers; le grand industriel Calla, le colonel Gorrant et Bequet, présidents des marguilliers de la paroisse; un frère du célèbre Désaugiers et Marie, son beau frère, spirituel, gai chansonnier comme lui, et d'un si aimable cœur; Ernest Labbé, l'un des fondateurs de la maison des *Petites-Sœurs* de la rue Philippe-de-Girard, et bien entendu Alexandre Legentil, comme partout où il y avait du bien à faire généreusement.

Des paroissiens, vrais apôtres, ont visité et visitent encore les pauvres par vingtaines, malgré leur grand âge, faisant presque autant de chrétiens.

Parmi les présidents qui se sont succédé, deux ont trouvé dans les circonstances l'occasion spéciale de faire bénir leur mémoire : Devaureix et Breton.

Celui-ci, pendant les mauvais jours de 1870-71, maintint la Conférence et la distribution des secours, par des prodiges d'adresse. Il a contribué à l'organisation des ambulances et des cantines populaires. Après la semaine sanglante il employa son énergie à la mise en liberté des sœurs et autres captifs de la Commune à Saint-Lazare.

Devaureix créa comme accessoires de la Conférence trois œuvres à peine croyables aujourd'hui : le *Patronage des écoliers pauvres*, qui donna peut-être l'idée du patronage des apprentis; l'*Assistance judiciaire* et le *Secrétariat des pauvres*, dont Devaureix tint lui-même le bureau, et qui, entre autres bienfaits, fit obtenir justice du roi de Prusse pour un malheureux Allemand du Clos-Saint-Lazare.

La troisième œuvre de Devaureix, créée avec le concours du prince Galitzin, fut l'*École des soldats,* où de jeunes confrères allaient à la caserne du faubourg Poissonnière, enseigner fort simplement la lecture, l'écriture et le catéchisme.

Parmi ces militaires si dociles élèves, étaient deux frères Latrille, l'un corniste, l'autre trombone dans le corps de musique du régiment. A leur libération, le corniste s'est fait trappiste; Latrille le trombone a été pendant quarante ans huissier de la paroisse, membre de la Conférence et de toutes ses œuvres, merveilleux apôtre partout où il allait avec sa verve gasconne.

Actuellement, la conférence de Saint-Vincent de Paul se réunit le vendredi au presbytère. Elle compte en moyenne trente membres et cent pauvres visités à domicile. Elle distribue des bons de pain, viande, chauffage, chaussures et vêtements, non seulement dans la circonscription de la paroisse, mais au-delà du boulevard, sur le terrain de Saint-Denis de la Chapelle, dont la Conférence est trop impuissante à soulager d'affreuses misères.

Le *Patronage des apprentis*, installé en 1846 rue de Saint-Quentin, puis en 1855, dans son local actuel, rue de Bossuet, sous le nom de *Maison Saint-Charles*, a publié sa touchante histoire. Disons seulement qu'elle a été créée en grande partie par Alexandre Legentil, dont le nom se retrouve dans toutes les bonnes œuvres du quartier. Si leur pieuse humilité nous défend de parler de ceux de ses collaborateurs à la direction qui vivent encore pour l'honneur de la paroisse, nous pouvons du moins nommer : *frère Jean-Marie, l'abbé Lautier* et *Louis Richer* qui ont laissé dans le quartier, des souvenirs populaires, et le vénéré P. Planchat, encore un fusillé de la Commune en 1871, l'apôtre par excellence du peuple et des ouvriers. On dirait vraiment que l'enfer a désigné les victimes aux massacreurs d'otages : ce furent les prêtres et les civils les mieux connus par leur bienfaisance, leur esprit libéral et leur dévouement aux classes populaires et souffrantes.

Ollivaint et Planchat, voici donc deux glorieux

martyrs dans l'histoire de la paroisse Saint-Vincent-de-Paul, et elle a eu presque à ajouter un de ses vicaires, bien près, lui aussi, de verser son sang à la Roquette; il fut un des plus actifs aumôniers de la maison Saint-Charles. Son nom appartient en effet à ses annales. La maison Saint-Charles compte actuellement une moyenne de trois cent cinquante apprentis qui, le dimanche y trouvent refuge, récréation, dîner, messe et instruction religieuse; dans la semaine, classes, retraite pascale, mois de Marie, deux catéchismes, l'un de persévérance, l'autre préparatoire aux premières communions qui ont lieu plusieurs fois par an.

Les anciens apprentis conservent à la maison Saint-Charles leur *cercle* du dimanche et des soirées, avec trois billards, bibliothèque, salles de lecture et de causerie, buffet, gymnase, etc. Le cercle a soixante-dix adhérents actuels.

La maison Saint-Charles a sa *petite Conférence de Saint-Vincent de Paul*, composée d'apprentis et anciens apprentis. Il faut lire aux rapports annuels les traits de charité parfois héroïques des jeunes visiteurs chez les pauvres vieillards.

En l'année terrible de 1870-71, ainsi qu'aux mauvais jours de 1848 et autres, la maison Saint-Charles a eu son histoire comme la paroisse elle-même. Malgré les menaces et les alertes, elle resta toujours ouverte. Elle eut son mois de Marie au cours du second siège et sa messe de minuit de Noël 1870, avec réveillon composé de bœuf, œufs et sardines, provisions miraculeuses en ce temps d'horrible famine.

Quand l'église de Saint-Vincent-de-Paul fut violée et fermée, à la semaine de Pâques 1871, la chapelle de la maison Saint-Charles devint pour ainsi dire la paroisse, avec la messe chaque jour, jusqu'à celui où le vicaire desservant, l'abbé de Marsy, fut arrêté, comme il précède.

On continua cependant à venir prier sans prêtres, comme dans les chrétientés primitives.

La *Sainte Famille*, pieuse institution de l'année 1851, réunit à la chapelle de la maison Saint-Charles les familles ouvrières du quartier, auxquelles après la messe, est faite une instruction appropriée à leur condition, par un de MM. les vicaires. Suit une modeste loterie de vêtements et objets de ménage, dont les billets se distribuent gratuitement aux présents.

Leur nombre moyen est de cent quarante sur deux cents inscrits libres de venir quand ils veulent ou peuvent. La retraite pascale annuelle complète le service religieux de ces braves familles, et elle est très suivie.

L'*Œuvre des Loyers*, fondée en 1857 par la Conférence de Saint-Vincent de Paul est une sorte de caisse d'épargne où les pauvres visités par ladite Conférence déposent peu à peu les petites sommes qui, réunies, servent à payer leur loyer fin de mois ou de trimestre. Il leur en est fait une bonification de cinq pour cent.

L'*Œuvre des Mariages*, autrement dit l'Œuvre de Saint-Régis, est bien connue dans tout Paris, et l'on peut dire dans toute la France. Elle a un double but : faciliter les mariages de pauvres en faisant pour eux les démarches si laborieuses, la demande et l'obtention des pièces voulues. Comme second objet, l'*Œuvre des Mariages* régularise les unions illégitimes, la situation des enfants. Il faut parfois aux époux des témoins, aux enfants non baptisés trop souvent, des parrains; aux uns et aux autres des vêtements décents. La Société de Saint-Régis fournit le tout; au besoin, ses membres sont témoins, parrains, tuteurs.

Le *Fourneau* est l'objet d'une œuvre populaire autant que celle de Saint-Régis. Dans une grande salle nue, chauffée en hiver et meublée de longues tables, des malheureux qui font pitié viennent pour dix centimes, ou bien sur la présentation d'un *bon de fourneau* qui leur a été donné, recevoir et manger une écuellée de bouillon, potage ou légumes, avec un morceau de pain, s'ils ne préfèrent emporter la portion chez eux au lieu de la manger sur place. Telle est l'Œuvre du Fourneau qui a de nombreuses succursales dans Paris. La maison Saint-Charles possède une d'elles comme complément de toutes les œuvres de bienfaisance de la paroisse Saint-Vincent-de-Paul. Après les maisons de l'hospitalité de nuit et la queue des affamés qui attendent les *gamelles* à la porte de la caserne du faubourg Poissonnière, il n'y a rien de plus navrant que le réfectoire du Fourneau en notre beau quartier. Les dîneurs ne sont pas seulement dévorants, ils grelottent souvent dans des vêtements de toile déchirés. Heureusement, le bureau du Fourneau a aussi son petit vestiaire, où nous devrions plus souvent envoyer nos vêtements et nos chaussures défraîchis. Il n'y a pas longtemps, un de nos vicaires entrant au réfectoire du fourneau Saint-Charles, remarqua un des dévorants que son visage à longue barbe soignée, son attitude et son langage, dénotaient comme n'étant pas un habitué de pareil restaurant.

Interrogé avec tact et bonté, il avoua qu'il était professeur, ancien élève de l'école normale, mais qu'étant si pauvrement vêtu, il ne pouvait se faire employer dans la plus modeste institution. Il en était aux derniers expédients. Le vestiaire du Fourneau venait justement de s'enrichir d'une redingote et d'un pantalon. On trouva le reste d'un *complet* présentable. Le soir même, le professeur était admis dans une des institutions du quartier.

S'il nous était permis de raconter toutes les misères consolées, toutes les détresses sauvées du désespoir, que connaissent le cabinet de M. le curé, la sacristie, le presbytère, les deux maisons d'école et celle de Saint-Charles, nous offririons aux lecteurs, aux paroissiens de Saint-Vincent-de-Paul, la plus poignante, mais quelquefois aussi la plus *consolante* histoire.

TABLE DES CHAPITRES

FIN